INSPIRATION

MALBUCH FÜR ERWACHSENE

Kreative Augenblicke mit kunstvollen Motiven genießen

INSPIRATION

MALBUCH FÜR ERWACHSENE

Kreative Augenblicke mit kunstvollen Motiven genießen

Andrea Sargent

h.f.ullmann

Originaltitel: The Creative Colouring Book

Gesamtherstellung: Ullmann Medien GmbH, Potsdam
Covergestaltung: Stefanie Brüssel, Potsdam

ISBN 978-3-7415-2097-6

Einleitung

Da ich mich schon immer für Kunst begeistert habe und insgeheim eine Leidenschaft für das Ausmalen hege, habe ich beide Vorlieben kombiniert und dieses Ausmalbuch kreiert!

Hier sehen Sie eine Auswahl meiner Lieblingsbilder, aus verschlungenen, floralen Mustern - allesamt von der Natur inspiriert.

Alle Motive wurden mit Sorgfalt und Liebe entworfen, vom Ausmalfan für Ausmalfans. Zuerst kritzelte ich kleinere Ideen in ein Notizbüchlein, das ich immer dabei habe, und schließlich entstand daraus ein größeres Ganzes.

Diese Sammlung bietet Ihnen die Möglichkeit, sich ruhig und entspannt inspirieren und Ihrer Kreativität freien Lauf zu lassen. Sie können Ihre Farbkombinationen nach dem Zufallsprinzip oder zielgerichtet wählen. Verwenden Sie die Stifte, mit denen Sie am besten arbeiten können, es gibt keine Regeln.

Ich hoffe, Sie genießen dieses Buch - viel Spaß beim Ausmalen.

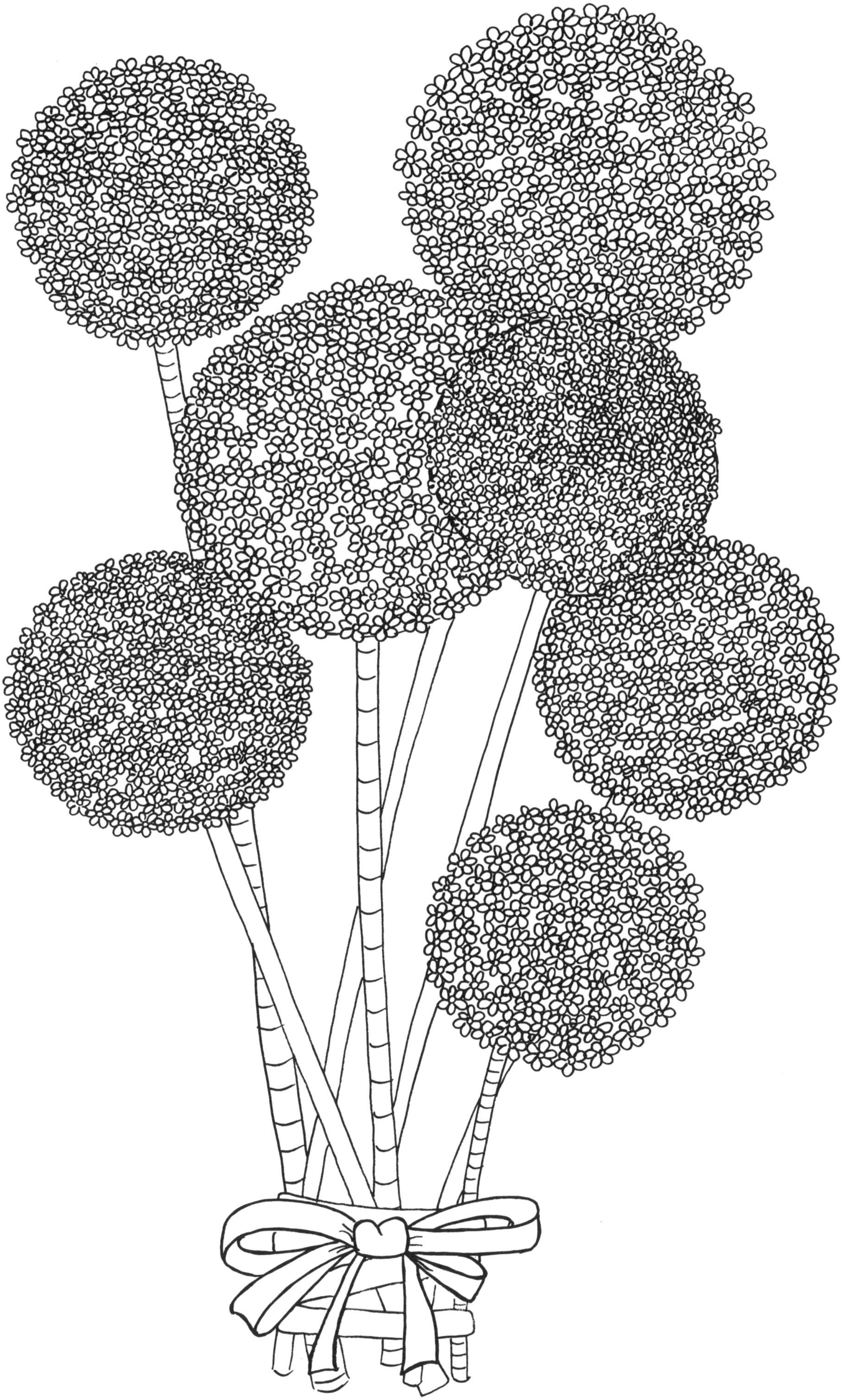